防治结核病　人人保健康

JIE HE BING FANG ZHI ZHI SHI
ZHI GONG PU JI DU BEN

结核病防治知识

职工普及读本

◎中华全国总工会劳动保护部／卫生部疾病预防控制局　编◎

主　编◎王俊治／肖东楼

中国工人出版社

防治结核　关爱职工
——结核病防治知识职工普及读本
编　委　会

主　　编： 王俊治　肖东楼

副 主 编： 王文杰　汤　淳

编写人员（按姓氏笔画排列）：

么鸿雁　王恩业　王晓涛　王　巍

白宪民　刘小昶　刘晓延　刘海涛

汤　淳　张　敏　时　颖　李建国

李跃平　杜燮祎　邹级谦　陈之骥

姜世闻　陈伶浪　段佑武

插　　图： 刘润启

编写说明

结核病是严重危害人类健康的传染病，其流行和传播给人民群众身体健康、生命安全和经济社会发展带来了严重影响。党中央、国务院高度重视结核病防治工作，坚持“防治结合，预防为主”的方针和“政府负责、部门合作、社会参与，共同做好结核病防治工作”的指导原则，把结核病作为重大传染病加以控制。

建国以来，我国各级政府卫生行政部门在结核病防控领域开展了大量卓有成效的工作，取得了瞩目成就，结核病疫情总体上呈下降趋势。但是，近年来，由于多种原因，尤其是伴随流动人口的不断增多，广大职工（特别是广大农民工兄弟）的结核病发病机会明显增多，一些地区的结核病呈现出上升态势，控制结核病的发生、发展已刻不容缓。

结核病对广大职工健康的影响，引起了包括工会组织在内社会各界的广泛关注。协助政府卫生行政部门在广大职工中开展结核病防治知识普及和宣传教育、增强广大职工（特别是农民工）的健康意识是工会参与结核病防治工作的基本内容和重要途径。为此，全国总工会劳动保护部在近年组织编写的结核病防治知识普及系列读物的基础上，今年又与卫生部疾病预防控制局共同编写了《结核病防治知识职工普及读本》。该《读本》以图文并茂的形式，介绍了结核病传播途径、预防措施和早期诊断、规范治疗等结核病防治基本常识，力求深入浅出、生动活泼、通俗易懂，以便于广大职工（特别是农民工）朋友阅读。本书还配有22道自测题及答案，帮助读者自行检测是否已掌握相关知识要点。

希望这个《读本》能够帮助广大职工了解结核病防治相关政策，提高自我防护意识，从自身做起，改变不良生活习惯和卫生习惯，增强防控能力，有效阻止结核病的流行和传播，使广大职工远离结核病困扰，保护广大职工及其家人的幸福、安康。

《结核病防治知识职工普及读本》编写组

2010年2月

目　录

一、正确认识结核病 / 1

（一）什么是结核病 / 1

（二）下列情况易患结核病 / 3

（三）结核病的主要症状 / 5

（四）肺结核的并发症 / 7

（五）防治肺结核的并存病 / 7

（六）肺结核的可疑症状者容易被忽略 / 7

（七）肺结核是如何传播的 / 8

（八）结核病的传染性 / 10

（九）以下情况结核病的传染性增高 / 11

（十）接触过结核病人不一定得结核病 / 13

（十一）哪些人容易患肺结核 / 13
（十二）结核病不遗传 / 13

二、结核病的疫情及其危害 / 15
（一）我国的结核病疫情 / 15
（二）肺结核在农民工人群中迅速传播的三大原因 / 16
（三）结核病的危害 / 17

三、结核病的早期发现 / 18
（一）应当警惕的症状 / 18
（二）出现结核病可疑症状到哪里去检查 / 19
（三）诊断结核病需要做哪些检查 / 20
（四）如何正确留取痰标本 / 21

四、结核病的治疗和护理 / 23
（一）治疗原则 / 23
（二）治疗结核病的常用药物 / 24
（三）服用药物注意事项 / 24
（四）哪些结核病人需要住院治疗 / 26
（五）结核病人的家庭护理 / 27
（六）结核病人治疗期间的注意事项 / 28
（七）肺结核病人一定要戒烟 / 30

（八）结核病人的饮食调节 / 31
（九）结核病是可以治好的 / 33
（十）不坚持规律治疗的严重后果 / 34
（十一）如何防止产生耐药结核病 / 35
（十二）结核病人如何养生 / 35
（十三）患肺结核病应注意避孕 / 38

五、结核病的预防 / 39

（一）结核病预防的基本环节 / 39
（二）防治结核病的关键环节 / 40
（三）结核病人的早发现、早诊断、早治疗 / 40
（四）养成良好生活习惯 / 42
（五）集体生活场所的预防措施 / 42
（六）尘肺病与肺结核 / 43
（七）粉尘作业工人的健康监护 / 44
（八）为了孩子的健康，一定要为新生儿及时接种卡介苗 / 45

六、国家对防治结核病的政策 / 46

（一）诊断和治疗结核病的优惠政策 / 46
（二）提供结核病免费检查和治疗的专业机构 / 47

（三）从哪里获得结核病防治相关信息 / 47
（四）我国历年“世界防治结核病日”的宣传主题 / 48
（五）自测题及答案 / 49

后　记 / 52

一、正确认识结核病

（一）什么是结核病

◎ 结核病俗称“痨病”，是由结核杆菌感染引起的慢性传染病；

结核杆菌可引起结核病

◎ 结核杆菌可能侵入人体全身各器官，但主要侵犯肺脏，称为肺结核；

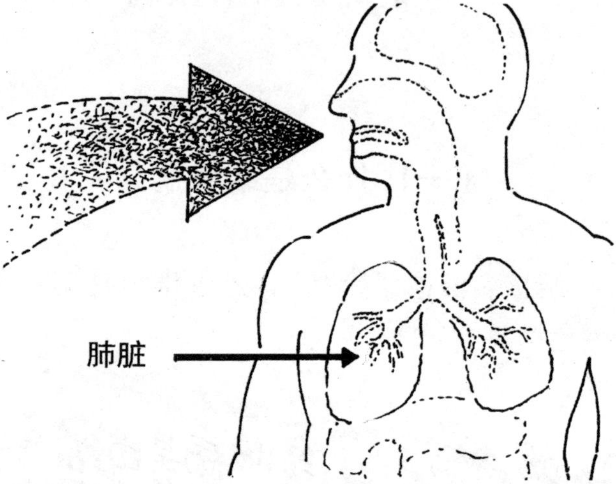

结核杆菌主要侵犯肺脏

◎ 人感染结核杆菌后不一定发病，只有在自身抵抗力下降时才会发病；

◎ 结核病是可以预防和治好的。

重要提示

结核病是由结核杆菌感染引起的慢性传染病

（二）下列情况易患结核病

◎ 营养不良、过度劳累；

营养不良易患结核病

◎ 生活不安定、居住拥挤、空气不流通；

在这种空气不流通的地方工作易患结核病

◎ 使用某些药物时，如皮质激素类、免疫抑制剂等；

◎ 患某些疾病时，如艾滋病、尘肺病等。

（三）结核病的主要症状

◎ 咳嗽，咳痰，血痰或咯血；

肺结核的症状以咳嗽、咳痰最为常见

◎ 胸痛，胸闷或呼吸困难；

肺结核病人也可出现胸痛、胸闷或呼吸困难

◎ 低热，盗汗，食欲不振，消瘦，疲乏，失眠；

肺结核病人经常伴有低热、盗汗

◎ 女性可有月经失调或闭经。

（四）肺结核的并发症

◎ 自发性气胸与脓气胸；

◎ 肺心病与心肺功能衰竭；

◎ 结核性支气管扩张及咯血；

◎ 继发肺外结核。

（五）防治肺结核的并存病

某些疾病如艾滋病、糖尿病、哮喘和矽肺病等，为结核病的发病、患病提供了有利条件，因而这些疾病常与结核病并存，称为并存病，需要加强对这些疾病的防治。

（六）肺结核的可疑症状容易被忽略

◎ 与其他疾病一样，肺结核的早期，由于病变小而没有明显症状；

◎ 即使有了症状，由于肺结核的症状没有很明显的特点，病人和医生容易误认为得了别的病而忽略了肺结核；

◎ 肺结核的可疑症状者指咳嗽、咳痰超过两周或有血痰者。

重要提示

咳嗽、咳痰两周或痰中带血，可能得了肺结核

（七）肺结核是如何传播的

◎ 以呼吸道传播为主。主要通过肺结核病人咳嗽、打喷嚏、大声说话等方式喷出的含有大量结核杆菌的飞沫而传播。

飞沫传播病菌

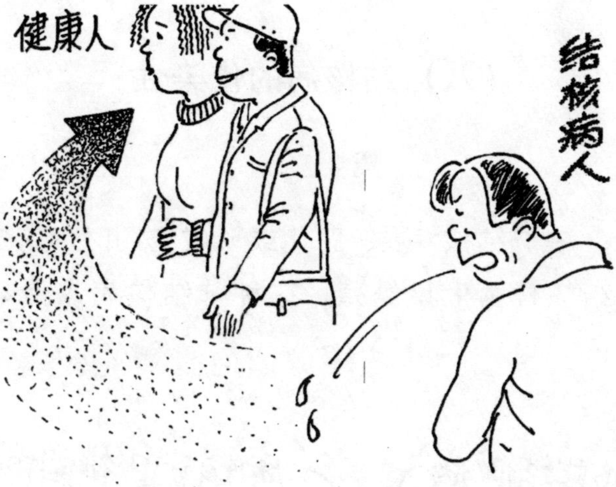

随地吐痰传播病菌

重要提示

不要随地吐痰，防止飞沫传播

（八）结核病的传染性

◎ 在肺结核发展、恶化或形成空洞时，病变部位的结核杆菌大量繁殖，这种肺结核病人传染性较强；

有些结核病人传染性更强

◎ 传染性肺结核在发现和治疗之前的传染性最强；

◎ 不是所有类型的结核病都具有传染性。

结核病人治愈后不再具有传染性

（九）以下情况结核病的传染性增高

◎ 传染性肺结核病人病情严重者；

◎ 病人排菌量多；

◎ 病人咳嗽频繁；

◎ 与病人的密切接触；

◎ 病人居住房间的通风差；

◎ 接触者的抵抗力弱。

有些情况更易患结核病

患了肺结核应尽量不到剧院、商场、歌舞厅、学校等封闭的公共场所

（十）接触过结核病人不一定得结核病

◎ 人体初次受到结核杆菌感染后，通常绝大多数人没有任何症状，也不发生结核病；

◎ 少数感染结核杆菌的人抵抗力降低时，可能发生结核病。

（十一）哪些人容易患肺结核

◎ 未感染过结核杆菌的人；

◎ 与排菌肺结核病人密切接触的人；

◎ 患有艾滋病、糖尿病或长期应用免疫抑制剂的人；

◎ 患有尘肺病及其他呼吸道阻塞性疾病的人。

（十二）结核病不遗传

◎ 结核病是一种慢性传染性疾病，而不是遗传性疾病，所以结核病是不会遗传的；

◎ 有的家庭同时有几个结核病人，主要是由于家庭中存在传染性肺结核病人相互传染的结果，而不是遗传。

传染性肺结核可在家庭内传播

二、结核病的疫情及其危害

（一）我国的结核病疫情

◎ 感染人数多，全国有多达 5.5 亿的人口感染过结核杆菌，约占全国总人口的 45%；

◎ 患病人数多，目前有肺结核患者约 450 万；

◎ 新发患者多，全国每年新发生肺结核约 145 万；

◎ 死亡人数多，全国每年约有 13 万人死于结核病；

◎ 农村患者多，全国约 80% 的结核病患者集中在农村；

◎ 耐药患者多，据世界卫生组织调查，全球每年新发生的耐药结核病人中，约 1/4 在我国。

（二）肺结核在农民工人群中迅速传播的三大原因

◎ 生活条件较差、营养不足、身体抵抗力弱而容易感染结核杆菌；

◎ 生活环境差，往往是多人共居一室，一人患病很快传染他人；

◎ 无钱医治，造成大量病人流失，扩大传播范围。

农民工工作、生活环境拥挤，容易相互传染

（三）结核病的危害

◎ 如不彻底治疗会丧失劳动能力，甚至造成死亡；

◎ 给家庭带来巨大的经济负担，因病致贫或因病返贫。

因病丧失劳动能力，家庭贫困

重要提示

结核病给无数家庭带来巨大损失

三、结核病的早期发现

（一）应当警惕的症状

◎ 咳嗽、咳痰两周以上；

◎ 痰中带血丝；

◎ 低烧、盗汗、疲乏无力、体重减轻等。

咳嗽、咳痰、低烧两周以上要引起警觉

重要提示

咳嗽、咳痰两周以上，可能得了肺结核

（二）出现结核病可疑症状到哪里去检查

结核病患者应到疾病预防控制机构（或指定的机构）诊治

◎ 当地县级以上疾病预防控制机构（或指定的机构）提供免费的结核病诊断和抗结核药品；

◎ 有结核症状者可到这些机构去咨询、检查、诊断和治疗。

重要提示

得了结核病要到疾病预防控制机构（或指定的机构）就医

（三）诊断结核病需要做哪些检查

◎ 痰涂片检查：一般初次就诊要检查三个痰标本，即夜间痰、清晨痰和即时痰；

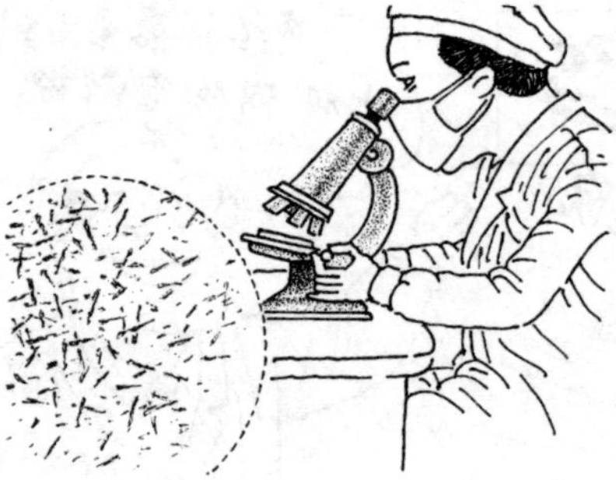

初次看病要进行痰检

◎ X光胸片检查。

X光胸片检查

（四）如何正确留取痰标本

诊断肺结核查痰很重要，正确的留痰方法是：

◎ 在留痰之前先用清水漱口数次，以清除口腔内的食物残渣及部分杂菌；

◎ 留取的痰应是用力咳嗽后自气管内咳出的痰，盛于痰盒内送检；

◎ 不要将唾液或鼻涕吐入痰盒，以免影响查痰结果；

◎ 初次就诊需查痰者，要送三个痰标本：

– 即时痰：就诊当时咳出的痰；

– 夜间痰：前一天晚间咳出的痰；

– 清晨痰：起床后深咳出的痰。

四、结核病的治疗和护理

（一）治疗原则

结核病治疗的五项原则是“早期、联合、规律、适量、全程”。

◎ 早期：指结核病一旦诊断就应及时、早期给予抗结核药物的治疗；

◎ 联合：指结核病的治疗应采取几种抗结核药物的联合用药；

◎ 规律：指结核病的治疗要坚持规律用药。结核病的治疗一旦开始，就应严格按照规定的治疗方案（包括药品种类、剂量、服药方法、服药时间等）进行，不能随意更改治疗方案或间断用药，更不能中断治疗；

◎ 适量：指在制定个体的抗结核药物治疗方案中，对每一种抗结核药物的剂量选择适当；

◎ 全程：指在制定了一个有效的抗结核治疗方案后，应按照治疗方案不间断的治疗，直至完成所规定的疗程。

重要提示
肺结核病人要按时、按量服药

（二）治疗结核病的常用药物

常用的抗结核药物有异烟肼（INH）、利福平（RFP）、乙胺丁醇（EMB）、吡嗪酰胺（PZA）、链霉素（SM）。

（三）服用药物注意事项

◎ 病人服用抗结核药物可能会出现恶心、呕吐、眩晕、耳鸣、听力减退、视力下降等不适症状；

◎ 出现上述症状不必惊慌，更不能自行停药、换药，应找医生处理；

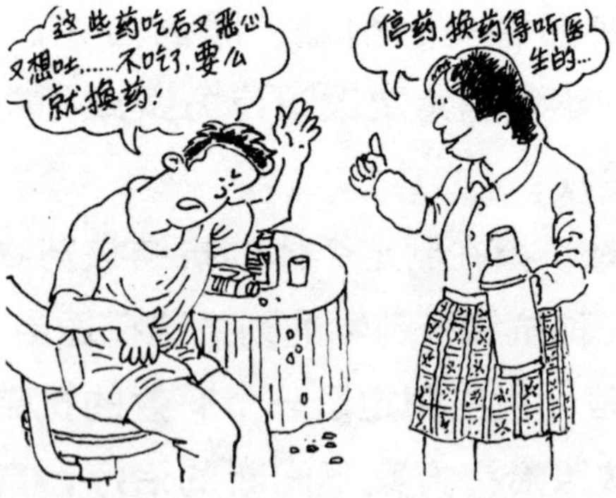

服药期间不要擅自停药、换药

◎ 服药期间要遵医嘱，进行痰结核杆菌、肝功能等相关检查。

服药期间要做相关检查

重要提示

服药期间不要擅自停药、换药

（四）哪些结核病人需要住院治疗

一般结核病人不需要住院治疗，有以下情况需要住院治疗：

◎ 粟粒性肺结核、大咯血、自发性气胸等；

◎ 合并肺外结核或有严重合并症，如合并肺心病、心力衰竭等；

◎ 发生严重药物反应影响治疗者；

◎ 重症糖尿病病人；

◎ 需要手术治疗的病人；

◎ 虽病情轻，但过集体生活，或理解力差、精神异常不能自理的人。

（五）结核病人的家庭护理

◎ 家庭成员要在精神上给予病人关怀、关心，鼓励病人增强战胜疾病的信心；

家庭关怀，促进康复

◎ 督促病人坚持按时、按量服药，完成规定疗程的治疗；

◎ 经常开窗通风、晾晒被褥；

◎ 加强病人的营养。

（六）结核病人治疗期间的注意事项

◎ 保持乐观情绪，精神愉快；

◎ 按照医嘱按时、按量服药，完成疗程；

按时按量服药，完成疗程

◎ 不随地吐痰，不近距离对他人咳嗽、打喷嚏、大声说话；

行为文明，避免传染他人

◎ 生活有规律，早睡早起，劳逸适度，坚持锻炼；

◎ 禁止烟酒，少吃刺激性食物；

◎ 减少房事，节制性生活。

（七）肺结核病人一定要戒烟

◎ 吸烟可加重咳嗽、咳痰、咯血等症状；

◎ 吸烟能降低人体对药物的吸收和利用，影响抗结核药物的疗效；

◎ 吸烟还会影响病变愈合，延长治疗时间、增加用药剂量，不仅增加了病人痛苦，而且还增加了治疗费用。

戒烟戒酒，有助康复

（八）结核病人的饮食调节

结核病是消耗性疾病，要加强营养，注意食物多样，营养均衡，如：

◎ 谷物、淀粉类食物；

◎ 肉类、水产品、蛋、乳及大豆制品；

◎ 新鲜蔬菜、水果和粗杂粮等。

注意饮食，加强营养

食物多样，营养均衡

重要提示

坚持食物多样，营养均衡

（九）结核病是可以治好的

◎ 结核病病因明确，有办法治好；

结核病人康复出院

◎ 关键是坚持规律用药，完成治疗疗程。

（十）不坚持规律治疗的严重后果

◎ 不坚持规律治疗，不但不能治好，而且会产生耐药，成为难治性肺结核，甚至危及生命。

“三天打鱼两天晒网”焉能杀死我？

（十一）如何防止产生耐药结核病

◎ 耐药结核病的产生主要是病人滥用抗结核药物和不规律治疗的结果；

◎ 结核病人一旦确诊，应该在疾病预防控制机构（或指定的机构），遵照医嘱，按照合理的治疗方案，规律服药，完成规定的治疗疗程，达到治愈；

◎ 结核病人的治疗切忌使用不合理的治疗方案和不规律的治疗，以避免或减少耐药的产生。

（十二）结核病人如何养生

从某种意义上说，结核病人“养”比“治”更重要，如不注意调养，即使治疗得当，也会加重病情，尤其冬春季，气候寒冷，除积极治疗外，要特别重视养生。结核病人的养生原则是：

◎ 室不乱：为病人提供良好的居住环境。如：房间向阳、整洁、方便，空气新鲜，室内温度、湿度适宜；

安心静养，积极治疗

◎ 心不烦：帮助病人解除精神负担，保持乐观、稳定的情绪；

保持乐观情绪

◎ 体不倦：患者在病情进展期间尽量卧床休息，病情稳定期可适当进行活动，活动的方式、时间、速度和活动量，应从实际出发，量力而行，适可而止，一般以身体无不适的感觉为度，切勿过劳；

加强锻炼，早日康复

◎ 食不饱：在加强营养的同时，强调饮食规律、定时、定量，尤其注意不可饮食过饱；

◎ 衣不寒：结核病人多体质虚弱，冬春季易感冒，加重病情，所以，要特别注意在天冷、大风时，增加衣服，以避风寒。

重要提示

结核病养生原则：室不乱、心不烦、体不倦、食不饱、衣不寒

（十三）患肺结核病应注意避孕

◎ 怀孕会增加孕妇的身体负担，加重病情：

◎ 抗结核药物可能影响胎儿健康，也不利于优生优育。

肺结核病人应注意避孕

五、结核病的预防

（一）结核病预防的基本环节

结核病预防的基本环节是控制传染源、切断传播途径和保护易感人群。

◎ 控制传染源，即早期发现和彻底治愈传染性肺结核病人；

◎ 切断传播途径，即养成良好的生活卫生习惯，如不随地吐痰、注意人口密集场所的通风和环境卫生；

开窗通风，保持室内空气新鲜

◎ 保护易感人群，即密切接触者接受结核病相关检查；给结核杆菌感染者中的高危人群服用药物进行预防性治疗；为所有新生儿接种卡介苗等。

重要提示

控制传染源，切断传播途径，保护易感人群

（二）防治结核病的关键环节

◎ 最大限度地提高结核病患者的发现率，做到发现一例，登记一例，报告一例，管理一例，治疗一例；

◎ 规范对患者的治疗，减少耐药结核病的发生，不断提高治愈率。

（三）结核病人的早发现、早诊断、早治疗

结核病防治的主要环节是控制传染源，尽早发现和有效治疗结核病人。

◎ 咳嗽、咳痰超过两周或咯血是发现和诊断肺

结核的重要线索，应予重视并及时进行相关检查；

◎ 肺结核的诊断是以细菌学为主，结合胸部X线检查、病史和临床表现、必要的辅助检查及鉴别诊断进行综合分析做出的；

◎ 结核病一旦诊断就应及时、早期给予规律治疗。治疗越早，疗效越好。

得了结核病，及早治疗

重要提示

早发现、早诊断、早治疗，是控制结核病的关键环节

（四）养成良好生活习惯

◎ 不随地吐痰；

◎ 房间经常通风换气，保持空气新鲜；

◎ 劳逸结合，足够的营养和睡眠；

◎ 适当的户外活动和体育锻炼，增强体质，提高抵抗力。

重要提示

养成良好的生活习惯，是预防结核病的有效方法

（五）集体生活场所的预防措施

集体生活环境人口密集，如果出现肺结核病人极易造成蔓延，严重时还能造成爆发。因此，当集体生活环境中出现肺结核病人（特别是有排菌的肺结核病人）时，应该：

◎ 使肺结核病人离开集体环境并接受正规抗结核治疗；

◎ 对密切接触人群进行必要的检查；

◎ 保持室内通风良好，阳光充足；

◎ 对病人居住场所进行消毒。

密切接触者要进行必要的检查

（六）尘肺病与肺结核

◎ 肺结核是尘肺病常见的并发症，尘肺病病人因肺功能下降，更容易感染结核杆菌；

◎ 尘肺病并发肺结核时，二者相互影响，加速恶化；

◎ 结核病人长期接触高浓度粉尘，也容易患尘肺病。

（七）粉尘作业工人的健康监护

◎ 粉尘作业工人在上岗前应做职业健康检查，患有肺结核不宜从事粉尘作业；

粉尘作业工人应做职业健康检查

◎ 在岗期间定期进行职业健康检查，发现严重肺结核病人，应及时调离粉尘作业岗位；

◎ 粉尘作业工人如有咳嗽、咳痰、血痰或咯血等症状时应及时就医。

（八）为了孩子的健康，一定要为新生儿及时接种卡介苗

◎ 卡介苗接种的主要对象是新生儿；

◎ 卡介苗接种被称为“出生第一针”；

◎ 如果出生时没有及时接种卡介苗，在 1 岁以内一定要到疫苗接种机构补种。

为新生儿及时接种卡介苗

重要提示

为了孩子的健康，一定要为新生儿及时接种卡介苗

六、国家对防治结核病的政策

（一）诊断和治疗结核病的优惠政策

◎ 对肺结核可疑症状者实行免费检查，包括X光胸片和痰涂片检查；

◎ 对活动性肺结核病人，免费提供国家统一方案的抗结核药物。

当地疾病预防控制机构（或指定的机构）
可提供免费检查和免费药品

重要提示

国家提供免费检查、免费药品

（二）提供结核病免费检查和治疗的专业机构

◎ 当地县级以上疾病预防控制机构（或指定的机构）提供免费的结核病诊断和抗结核药品；

◎ 有结核症状者可到上述机构去咨询、检查、诊断和治疗。

（三）从哪里获得结核病防治相关信息

◎ 中国结核网（www. chinatb. org）；

中国结核网的网址是 www. chinatb. org

◎ 可向当地结核病防治专业机构进行咨询并索取相关资料。

(四) 我国历年“世界防治结核病日”的宣传主题

◎ 1996 年：我们面临结核感染的危险

◎ 1997 年：防治结核病　人人保健康

◎ 1998 年：结核病——严重威胁人类健康的传染病；实行归口管理，有效控制结核病

◎ 1999 年：依法控制结核病　防止结核病蔓延

◎ 2000 年：动员全社会共同关注结核病

◎ 2001 年：积极发现、治愈肺结核病人

◎ 2002 年：遏制结核　消除贫困

◎ 2003 年：防治结核　造福人民

◎ 2004 年：控制结核病　让每一次呼吸更健康

◎ 2005 年：防治结核　早诊早治　强化基层

◎ 2006 年：防治结核　坚持不懈

◎ 2007 年：结核流行广泛　控制从我做起

◎ 2008 年：控制结核　人人有责

（五）自测题及答案

请判断正误，对的打“√”，错的打“×”。

（1）结核病是由结核杆菌感染引起的。（　　）

（2）结核病是一种慢性传染病。（　　）

（3）人感染结核杆菌后就会得结核病。（　　）

（4）肺结核病人咳嗽、打喷嚏或大声说话，都可能传播结核杆菌。（　　）

（5）通风差的房间容易传播结核病。（　　）

（6）传染性肺结核治愈后仍具传染性。（　　）

（7）肺内病灶消失，痰中也查不到结核杆菌，说明肺结核病人不具传染性。（　　）

（8）结核病会遗传。（　　）

（9）咳嗽、咳痰、低烧两周以上可能得了肺结核。（　　）

（10）怀疑得了结核病，初次看病要进行痰检。（　　）

（11）结核病人服用抗结核药物出现不适症状时，可立即自行停药。（　　）

（12）结核病治疗期间不坚持规律治疗会产生耐药。（　　）

（13）结核病治疗服药期间要遵医嘱，进行痰结核杆菌、肝功能等相关检查。（　　）

（14）生活有规律，早睡早起，劳逸适度，坚持锻炼有助于结核病人康复。（　　）

（15）吸烟或饮酒对结核病人的康复没有影响。（　　）

（16）结核病人应加强营养，注意食物多样，营养均衡。（　　）

（17）肺结核病人突发大量咯血时要立即将病人侧卧，颈部倾斜于床边，以利于血液的咯出。（　　）

（18）抗结核药物可能影响胎儿健康，不利于优生优育。（　　）

（19）结核病治疗越早，疗效越好。（　　）

（20）要及时为新生儿接种卡介苗。（　　）

（21）活动性肺结核病人可以免费获得抗结核药物。（　　）

（22）中国结核网的网址是 www. chinatb. org。（　　）

自测题答案

(1) √

(2) √

(3) ×

(4) √

(5) √

(6) ×

(7) √

(8) ×

(9) √

(10) √

(11) ×

(12) √

(13) √

(14) √

(15) ×

(16) √

(17) √

(18) √

(19) √

(20) √

(21) √

(22) √

后　记

为了使广大职工掌握更多的结核病防治知识，增强科学预防结核病的观念，中华全国总工会劳动保护部和卫生部疾病预防控制局，共同组织专家学者，在2006年编写的《结核病防治知识职工普及读本》和2007年编写的《结核病防治知识职工普及画册》的基础上，重新出版了这本普及读本。

在编写这本读物的过程中，得到了中国疾病预防控制中心的大力支持和帮助。中国疾病预防控制中心姜世闻、张敏研究员、么鸿雁副研究员、杜燮祎助理研究员、王恩业主管医师、北京市结核病胸部肿瘤研究所邹级谦和河北省疾病预防控制中心李建国主任医师等专家学者，对这本读物提出了宝贵的意见和建议，并亲自参加了编写工作。本书的插图由刘润启绘制。在这里对他们的辛勤工作表示衷心的感谢！

中华全国总工会劳动保护部

卫生部疾病预防控制局

2010年2月28日

图书在版编目(CIP)数据

结核病防治知识职工普及读本 / 中华全国总工会劳动保护部、卫生部疾病预防控制局编,王俊治、肖东楼主编.—北京:中国工人出版社, 2010.3

ISBN 978-7-5008-4057-2

Ⅰ.结… Ⅱ.①中…②卫…③王…④肖… Ⅲ.结核病—防治—普及读物 Ⅳ.R52-49

中国版本图书馆 CIP 数据核字(2008)第 021851 号

出版发行:中国工人出版社
地　　址:北京东城区鼓楼外大街 45 号
邮　　编:100120
电　　话:(010)62350006(总编室)　　82075964(编辑室)
发行热线:(010)62005450　　62005042(传真)
网　　址:http://www.wp-china.com
经　　销:新华书店
印　　刷:北京市密东印刷有限公司
版　　次:2010 年 3 月第 1 版　2010 年 3 月第 1 次印刷
开　　本:850 毫米×1168 毫米　1/32
字　　数:20 千
印　　张:2
定　　价:5.00 元
